Annika Pinkvoß

Zeitlos in zu engem Raum

– Gedichte –

© 2013 Annika Pinkvoß
Cover & Satz: Mareike Giertler
Herstellung & Verlag: BOD –
Books on Demand, Norderstedt
ISBN 978-3-7481-8228-3

Inhalt

Weiß

Ohne Wolken schneit es nicht

no end and no start

season by season
fall by fall
the sun sets and rises –
no surprises

words without meaning
turn to silence
with no feeling –
within

no end and no start –
I fall apart

crowded places and empty spaces
between black and white
is a lack of color –
for

nothing remains
but all contains
an emptiness that fills –
a heart

no end and no start –
and I fall apart

Rot und Blau

Sie sprach
Er schwieg
Sie lachte
Er weinte
Sie fluchte
Er fühlte
Sie wollte
Er weilte
Sie träumte
Er dachte
Sie schlief
Er wachte

Nur eine Zeit

Gäbe es nur eine Grenze
Gäbe es nur eine Sicht
Hätte ich dich in Behandlung
Hättest du die Schmerzen nicht

Gäbe es nur eine Farbe
Gäbe es nur einen Ton
Hätte ich nur eine Narbe
Hättest du mich gestern schon

Gäbe es nur eine Zeit
Gäbe es nur einen Stein
Hätten wir zu zweit verweilt
Hätten wir uns ganz allein

Gäbe es nur eine Lichtung
Gäbe es nur eine Nacht
Hättest du keine Verpflichtung
Hätte ich mit dir gelacht

Gäbe es nur eine Richtung
Gäbe es nur eine Zahl
Hättest du keine Erwartung
Hätte ich nur eine Wahl

Gäbe es nur einen Blick
Gäbe es nur einen Moment
Hätten wir denselben Weg
Hätten wir uns nie getrennt

searching the point

From where it was
to where it should be
to a point
pointing out the past
stuck in the present
open till the end

Er

So wie er da sitzt
so wie er da steht
so wie er jetzt geht –
so dreht sie sich weiter

against the soul

When you see
what you feel
and you feel
what you see

When you hear
what you believe
and believe
what you hear

When you think
what you know
and you know
what you think

You try to feel
what's best to do
but something
tries
to lead direction to
doubts and questions
that keep you away
from what your heart
always meant to say

no escape

I run to the sun
and jump in the sea
to feel
nothing feels
like it felt to be

Zerpflückt

Kein Film, nicht ein Lied, ein Wort, ein Klang,
kein Gedicht,
weder Tanz noch Märchen und Land,
kein Planet oder Stern, weder Boot noch Wand
Nichts, was gewesen, durch Dasein sich erklärt –
allein
Alles, was ist, im Diesseits verzerrt –
und nein
Dazwischen, was gedacht und gewollt –
nicht mein
Zurück, zurück,
jedes Wort eine Lüge,
jedes Bild ohne Leben,
seelenlos der Rest
Nichts, das blieb oder bleibt
Alles, worüber geschrieben – geteilt
Einverleibt und dann zertrümmert,
wiederholt, bis alles verkümmert
Das Ende war dem Anfang voraus –
geeilt, entzweit, verzweifelt verweilt,
dann vergessen und gestorben,
das letzte bisschen Herz,
die Wahrheit missglückt
Alles an Liebe –
zerpflückt

filling

cigarettes and wine
make it fine
for a few hours
then again
it turns around
no sound
that closes
all the holes
but wine
there is
to cover them up
at least
for a few hours
until again
it turns around

Schicksal

Beschreitend einen Weg,
der das Leben bedeutet
Ohnmächtig zusehend,
wie die Zeit
ihre eigenen Spuren setzt,
ohne zu fragen,
ob du mit willst

Oslo

Ohne sich umzudrehn
verschwand er durch die Tür
Ließ sie allein im Regen stehn
und stehen bleibt
wofür

when

what is Now
in times of then
what is Now
and then is when
what is when
the Now has passed
and the moment
never last
when the future
never starts
and the Now
loses its meaning
like a crumbling mountain
screaming
don't forget me
don't you dare
I am Now –
from Here to where?

within me

Let me think about something
about something
that does not remind me
of you
us two
of all that should be
easily could be
if you just would
take me serious –
I am delirious
by now
and then
and always
because
something
always something
is never
something
that does not remind me
of you

Kein Lied

Vers
Strophe
Refrain
Rhythmus
Text
und Sinn –
doch keine Melodie

forever will be now

forwards yesterday
backwards tomorrow
tomorrow will be now –
and now will be forever

more than a moment

A moment of lightness
in times of fear
A moment of truth
in times of confusion
A moment of freedom
in times of pain
A moment of faith
in times of doubt

I hope to see
I hope to feel
I want to find
You next to me

I need you close
I need you whole
I want you only
We leave us lonely

Ich liebe dich

Ich fühle, ich liebe dich,
wenn ich dich brauche,
bist du da,
aber nur in Gedanken –
anders unsichtbar

Ich sagte, ich liebe dich,
doch scheint das nicht wichtig,
denn weil du das weißt,
klingt es banal und nichtig

Ich bin sicher, ich liebe dich,
doch du hast mich verlassen,
und weil du weiter gehst,
beginnt das Gefühl zu verblassen

Ich dachte, du liebst mich,
und dann war ich allein,
träumte mich zu dir,
wollte bei dir sein –
schlief ein

something

Everything is nothing
when nothing is not
something
that might mean everything
to you

Du

Gestern sprachst du noch von Liebe
Heute schweigst du laut ins Weite
Morgen wirst du mich verleugnen –
wieder auf der andern Seite

Früher schliefst du mit mir ein
Heute stehst du hinterm Fenster
Morgen wirst du weiterziehen –
wieder überall Gespenster

Gestern nahmst du meine Hand
Heut erkennst du mich nur schwer
Morgen hoffst du, wird es besser –
niemals liebte ich dich mehr

Früher kamst du ohne Reue
Heute singst du vom Verzeihn
Morgen wirst du mich verlassen –
denn ich lasse dich allein

Nicht weil ich dich je vergesse,
aber du bist stumm zu mir
Würd für immer bei dir bleiben,
aber du bleibst nie im Hier

Osten und Westen

Er sagte
Ich komme zurück
und meinte
warte

          doch dann
Sie dachte   wenn er kam
Ich warte   dann sah sie ihn nicht
und hoffte
beeil dich   und wenn
          sie sich traute
Er fühlte   dann wollte er nicht
Sie kennt mich
ohne es zu wissen und so
          kamen und gingen -sie-
Sie glaubte   vor und zurück
Er weiß es   um sich Stück für Stück
ohne zu sprechen wieder näher zu kommen

Vorhang

Die Leichtigkeit des Seins
erschwert
durch die Antwort –
dass Alles
oder Nichts
vergänglich ist

here

mostly narrow-minded when distracted
sometimes wise when drunk
always lost while searching
all done when you are gone

played

without and with
within but alone
colored but transparent
real and absurd
considered but certain
sensitive but strong
cold and hot
open but shuttered
intense but lonely
loud and silent

as life
plays

Schwarz

Wo es stürmt und ewig regnet
und der Schatten Täler ebnet
Wo die Wolken düster ziehen
und Gedanken westwärts fliehen

Wo die Träume ungelebt
und die Erde immer bebt
Wo der Zweifel sich vermehrt
und der Schein das Licht verzerrt

Wo die Melodie verstummt
und der Weise sich vermummt
Wo die Kinder nicht mehr lachen
und Dichter über Schlangen wachen

Wo das Ganze nur noch trügt
und mehr als die Hälfte lügt
Wo der Himmel kalt und leer
und das Schiff versinkt im Meer

Ist das Helle ewig Nacht
Hat das Falsche uns besiegt
Ist die Wahrheit umgebracht
und das Dunkle überwiegt

Irrweg

Alles logisch erklärt,
Intuition gilt als verklärt,
unangemessen der Menschen,
die anders sind –
oder weiter

hard-line

some to any
many too much
those to these
out of touch

far from here
might to may
close from there
away to stay

Zuhause

Bringst mich zum Lachen
mit dem,
was du machst
Bringst mich zum Weinen
mit dem,
was du lässt
Lässt mich schreien,
wenn du gehst,
bringst mich nach Hause,
wenn du vor mir stehst

Was ist

Wenn
Alles
was war
nicht ist
ist
Nichts
mein Alles
was
bleibt